한 권으로 끝내는

한글 떼기

김수현 지음 · 전진희 그림

소리 내어 읽기 ▶ 분절해서 익히기 ▶ 빈칸 쓰기

3단계 메타인지 학습법!

카시오페아
Cassiopeia

기본에 충실한
메타인지 한글 떼기

　안녕하세요. 초등 교사 김수현입니다. 학교 현장에서 아이들을 가르치던 중 우연한 기회로 초등 학부모님들을 위한 자녀 교육서를 출간한 후, 저는 교실에서, 또 강연장에서 많은 부모님들을 만났습니다. 그곳에서 제가 만난 많은 부모님들은 이제 막 '공부'를 시작한 아이들에게 어떻게 적절한 학습적 자극을 주어야 하고, 어떤 피드백으로 아이들의 학습에 추진력을 실어 줄 수 있을지 많이 고민하는 모습이었습니다. 저 역시 아이들을 키우는 엄마의 입장으로 함께 고민하고, 교실 속 아이들을 가르치며 연구했습니다. 그리고 한글을 막 배우기 시작한 유아~초등 1학년의 아이들에게는 어떤 학습 자극과 피드백이 필요한지에 집중했습니다.

　그 결과 '한글 해독 능력의 신장'이 앞으로의 학습 로드맵을 펼치는 데 기본이 된다는 사실을 분명히 느낄 수 있었습니다. 한글을 처음 배우기 시작한 아이들에게 최고의 학습은 '모국어를 바르게 읽고 쓰는 능력'입니다. 우리는 여타의 다른 학습 자극을 과감히 가지치기하더라도 '모국어 학습'이라는 기본적인 내용만큼은 집중해야 할 필요가 있습니다. 한글 해독 능력 없이는 어떠한 공부 자극도 그 효율성을 기대하기는 어렵기 때문입니다. 언어적으로 빈곤한 아이는 수학 문제집

100권을 풀어도 그 노력이 헛수고일 뿐입니다. 반대로 한글을 바르게 습득하여 언어적으로 부유한 아이는 수학 문제집 한 권을 풀어도 그 노력이 몇 배로 빛나게 됩니다. 결국, 유아~초등 1학년 아이들에게 가장 중요한 학습은 바로 '한글'인 것이지요. 기본은 무조건 충실해야 합니다.

문제는 이렇게 중요한 '한글 교육'에 어떻게 접근할지에 대한 고민입니다. 무조건 많이 읽고, 무조건 많이 옮겨 쓰며, 무조건 많이 외워야만 하는 것일까요? 절대로 그렇지 않습니다. 우리는 '한글 공부'가 우리 아이들의 첫 학습이며 배움의 시작이라는 사실을 잊으면 안 됩니다. 그리고 아이들이 학습의 첫 단추를 즐겁게 꿸 수 있도록 도와주어야 합니다. 배우는 행위가 즐겁고 행복한 것이라는, 마음속 뿌듯함을 아이들이 스스로 느낄 수 있게 말이지요. 그래야 두 번째 단추도 기대감을 가지고 즐겁게 꿸 수 있을 테니까요.

"받아쓰기가 꼭 필요한가요?"
"받아쓰기는 지겹고 재미없고 아이들을 점수로 줄 세우는 도구 아닌가요?"
"아이들이 즐겁게 배우려면 받아쓰기는 오히려 지양되어야 하는 것 아닌가요?"

받아쓰기는 필요합니다. '표현 언어'의 시대입니다. 자기 생각을 말로 표현할 수 있어야 하고, 나아가 글로 표현할 수 있어야 합니다. 이것이 곧 토론이며, 논술입니다. 바른 맞춤법과 띄어쓰기는 좋은 글의 기본이며 글의 완성도를 높이는 초석입니다. 따라서 받아쓰기는 한글을 배우는 단계에서 탄탄히 다져 놓을 기본 소양이 됩니다.

그런데 받아쓰기 때문에 자녀가 받을 스트레스가 벌써 걱정이신가요? 받아쓰기를 위해 공책을 몇 바닥 꽉 채워서 옮겨 쓰게 할 생각에 겁이 나시나요? 그렇지만 분명히 말씀 드릴 수 있습니다. 즐겁고 재미있는 받아쓰기는 결코 불가능한 것이 아니라고 말이지요. 바로 '메타인지'를 활용한 받아쓰기 공부법을 실천하면 됩니다.

메타인지란?

내가 무엇을 알고 있는지를 알고 있는 것입니다. 반대로 내가 무엇을 모르고 있는지도 알고 있는 것입니다. 메타인지가 발달한 아이는 내가 '알고 있는' 지식을 바탕으로 '모르고 있는' 것을 탐구할 줄 압니다. 또 모르는 것은 주기적으로 반복해서 확인하는 활동을 통해 습득하려는 계획을 세울 줄도 압니다. 그리고 몰랐던 것을 알게 되었을 때 성취감을 즐길 줄 압니다.

그래서 매년 1학년 아이들과 교실에서 즐겁고 부담 없이 해 왔던 받아쓰기 공부 노하우를 이 책에 담아 공개합니다. 아이들은 하루 10분의 간단한 받아쓰기 공부로 대단한 성취감을 얻곤 했습니다. 받아쓰기 공부를 통해 얻은 것은 '한글 능력 신장'이 전부가 아니었습니다. 나도 할 수 있고, 재밌게 배우며 하루하루 노력하는 것이 얼마나 큰 성과를 낼 수 있는지에 대한 확신을 아이들은 배웠습니다. 이 책을 품에 안은 우리 친구들도 부담 없이 즐길 수 있는 받아쓰기 공부를 통해, 한글 능력 신장은 물론, 배움의 즐거움과 성취감이라는 두 마리 토끼를 모두 잡을 수 있으면 좋겠습니다.

이 책은 『한 권으로 끝내는 한글 떼기』와 『한 권으로 끝내는 받아쓰기』, 이렇게 두 권의 구성입니다. 아이들이 한 권을 야무지게 끝마쳐 보는 유의미한 경험을 할 수 있도록 난이도에 맞춰 두 권으로 기획했습니다. 저는 학교 현장에서 문제집을 사서 끝까지 풀지 못하고 분리 배출하는 아이들을 참 많이 목격했답니다. 처음에는 꽤 쉬워 보여서 호기롭게 시작했다가 끝으로 갈수록 어려움에 봉착하거나 귀찮은 마음이 들어 그만두는 아이들이 생각보다 아주 많아서 안타깝더라고요. 문제집을 끝까지 풀어내지 못하고 중도 포기하는 것은 '성실과 끈기'의 중도 포기와도 같습니다. 우리 아이들이 이 책을 반드시 끝까지 해낼 수 있도록 부모님들이 많이 응원해 주시고 함께해 주세요. 한 급수 한 급수 뛰어오를 때마다 아이들이 성취감을 충분히 느낄 수 있도록 응원 분위기를 북돋워 주는 것은 부모님의 역할입니다. 이를 돕기 위해 '한 권 끝 계획표'를 함께 준비했습니다. 매일 성실과 끈기의 힘을 아이들보다 부모님이 먼저 믿어 주세요. 저도 블로그, 카페, 유튜브 등 다양한 채널을 통해 돕겠습니다.

두 권의 책을 모두 마치고 나면 초등 1학년 1학기 수준을 완벽하게 익힐 수 있게 내용을 구성했습니다. 그리고 이 책은 '공부 방법'을 알려 줍니다. 이 책에 실리지 않은 다른 문제가 나오더라도 우리 친구들이 자기 주도적으로 받아쓰기 공부를 하는 방법을 익힐 수 있습니다. 소리 내어 읽기부터 시작하여 자음, 모음, 받침 등을 분절하여 써 보는 연습, 그리고 통 글자를 써 보고, 결국 통 문장을 쓸 수 있게 구성했기 때문이지요. 내가 잘 틀리는 부분, 어려운 맞춤법 부분이 무엇인지를 인식하게 하고, 그 부분만을 집중적·반복적으로 공부하여 끝내는 나의 것으로 만드는 '메타인지'를 연습하게 합니다. '메타인지'를 자극하는 습관은 다른 낯선 문장도 스스로 공부할 수 있는 힘을 길러 줄 것입니다.

시작하기 전에 이것만은 꼭!

- ✅ 가급적 아이와 '함께' 이 책을 활용해 주세요. 이 책과 함께라면 아이는 주 양육자와의 공부 시간도 즐거운 추억으로 기억할 수 있을 테니까요.
- ✅ 시간에 쫓기지 마세요. 여유로운 태도는 즐기는 공부를 가능하게 합니다.
- ✅ 소리 내어 읽는 아이의 목소리를 사랑스럽게 들어 주세요. 읽기 독립은 충분히 읽는 연습에서부터 출발합니다.
- ✅ 글자 쓰는 순서를 별도로 표기하지 않았습니다. 주 양육자가 지켜 보면서 위에서 아래로, 왼쪽에서 오른쪽으로 쓸 수 있도록 최대한 지도해 주시면 가장 빨리 배운답니다.
- ✅ 한글을 거의 처음 쓰고 배우는 단계입니다. 아이들에게 많은 칭찬과 격려를 잊지 마세요.

차례

이 책의 활용법

『한 권으로 끝내는 한글 떼기』는 이런 책이에요

받아쓰기를 처음 시작하는 단계인 만큼 하나하나 쉽게 해낼 수 있도록 구성했습니다. 그래서 이 책에 등장하는 낱말은 '자음과 모음 → 받침 → 쌍자음 → 이중 모음'의 순서를 따릅니다. 그리고 각각의 자음과 모음은 '아 → 가 → 라 → 다 → 나'의 순서에 맞춰 배치했습니다. 아이들이 직접 발음하기에 가장 쉽고, 필기구를 잡고 직접 쓰기에도 쉬운 순서를 책 속에 최대한 반영하려고 노력했습니다. 또 아이들이 생활 속에서 사용하는 어휘 중에서 가장 많이 등장하는 자음과 모음의 순서를 반영했습니다. 따라서 가정에서도 낱말을 단순히 완벽하게 받아쓰는 행위에 집중하기보다는 아이들이 소리 내어 읽는 연습을 충분히 할 수 있도록 도와주시면 좋겠습니다. 이 책을 차근차근 단계별로 따라가다 보면 아이들의 발음과 글씨가 발전해 가는 모습을 발견할 수 있을 것입니다.

1단계 또박또박 읽기

음성 언어를 제대로 사용할 줄 아는 것은 모국어 사용의 가장 기본 근간이 됩니다. 따라서 각 음절이 내는 소리를 바르게 알고, 제대로 소리 내어 읽을 줄 알아서 그것을 해독하는 과정이 필요합니다. 그런데 우리 아이들은 생각보다 소리 내어 읽는 것을 귀찮아하고, 부모님들도 하찮게 여기는 경우가 많습니다. 1단계에서 소리 내어 또박또박 읽는 경험이 쌓이면 아이의 6주 뒤가 달라집니다.

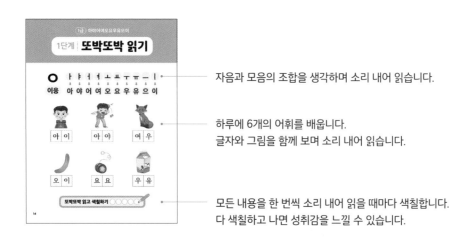

자음과 모음의 조합을 생각하며 소리 내어 읽습니다.

하루에 6개의 어휘를 배웁니다.
글자와 그림을 함께 보며 소리 내어 읽습니다.

모든 내용을 한 번씩 소리 내어 읽을 때마다 색칠합니다.
다 색칠하고 나면 성취감을 느낄 수 있습니다.

2~3단계 차근차근 쓰기

초성, 중성, 종성의 음가를 알고 그것을 소리와 대응하여 직접 써 보는 단계입니다. 이 단계에서는 아이들의 적극적인 참여가 필요한데, 자칫하면 기계적으로 연습하기 쉽습니다. 이 책에서는 아이들이 무작정 보고 베껴 쓰는 연습이 아닌, 소리와 대응시키고 생각하여 쓸 수 있도록 구성했기에, 차근차근 단계를 밟아 나가며 쓸 수 있을 것입니다.

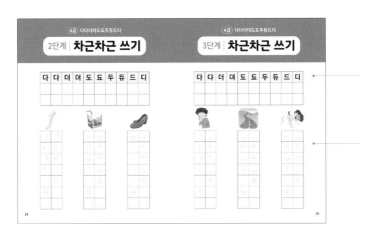

자음과 모음의 조합에 유의하며
천천히 씁니다.

메타인지 학습법이 적용된 쓰기입니다.
하나의 어휘를 자음과 모음을 분절하여
여러 번 씁니다.

룰루랄라 놀이

아이들이 여섯 급수에 해당하는 한글 공부를 마친 후, 놀이를 통해 스스로 복습할 수 있는 장을 마련했습니다. 놀이의 힘을 학습에 적용함으로써 보다 즐거운 한글 공부를 할 수 있도록 도와드릴게요.

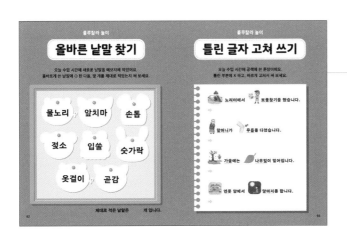

낱말 찾기, 고쳐 쓰기, 미로 찾기,
편지 완성하기 등 다양한 놀이 활동으로
신나고 재미있게 복습할 수 있습니다.

보너스 영상
QR 코드를 스캔해 김수현 선생님이 직접 설명하는 책 소개를 만나 보세요.

최고 멋쟁이 _____ (이)의
한 권 끝 계획표

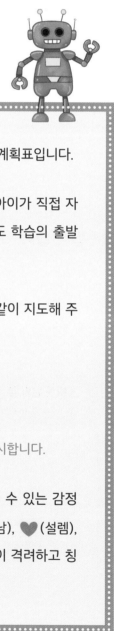

- 총 6주 42일, 이 책을 공부하는 동안 아이가 사용하는 한 권 끝 계획표입니다.

- 한 권 끝 계획표를 사용하기 전, 가장 먼저 상단 제목 빈칸에 아이가 직접 자신의 이름을 쓰도록 지도해 주세요. 책임감을 기르고 자기 주도 학습의 출발점이 됩니다.

- 아이가 한 권 끝 계획표를 야무지게 활용할 수 있도록 다음과 같이 지도해 주세요.
  ❶ 공부를 시작하기 전, 한 권 끝 계획표에 공부 날짜를 씁니다.
  ❷ 공부 날짜를 쓴 다음, 공부 내용과 쪽수를 스스로 확인합니다.
  ❸ 책장을 넘겨서 신나고 즐겁게 그날의 내용을 공부합니다.
  ❹ 공부를 마친 후, 다시 한 권 끝 계획표를 펼쳐 공부 확인에 표시합니다.

- 한 권 끝 계획표의 공부 확인에는 공부를 잘 마친 아이가 느낄 수 있는 감정을 그림으로 담았습니다. 그날의 공부를 마친 아이가 ⭐(신남), ❤(설렘), ☺(기쁨)을 살펴보고 표시하면서 성취감을 느낄 수 있도록 많이 격려하고 칭찬해 주세요.

한글 떼기 1주

	공부 날짜		공부 내용	쪽수	공부 확인
1일	월	일	1급 아야어여오요우유으이	14~16쪽	⭐ ❤️ 😊
2일	월	일	2급 가갸거겨고교구규그기	17~19쪽	⭐ ❤️ 😊
3일	월	일	3급 라랴러려로료루류르리	20~22쪽	⭐ ❤️ 😊
4일	월	일	4급 다댜더뎌도됴두듀드디	23~25쪽	⭐ ❤️ 😊
5일	월	일	5급 나냐너녀노뇨누뉴느니	26~28쪽	⭐ ❤️ 😊
6일	월	일	6급 마먀머며모묘무뮤므미	29~31쪽	⭐ ❤️ 😊
7일	월	일	룰루랄라 놀이	32~33쪽	⭐ ❤️ 😊

한글 떼기 2주

	공부 날짜		공부 내용	쪽수	공부 확인
8일	월	일	7급 바뱌버벼보뵤부뷰브비	34~36쪽	⭐ ❤️ 😊
9일	월	일	8급 사샤서셔소쇼수슈스시	37~39쪽	⭐ ❤️ 😊
10일	월	일	9급 자쟈저져조죠주쥬즈지	40~42쪽	⭐ ❤️ 😊
11일	월	일	10급 차챠처쳐초쵸추츄츠치	43~45쪽	⭐ ❤️ 😊
12일	월	일	11급 카캬커켜코쿄쿠큐크키	46~48쪽	⭐ ❤️ 😊
13일	월	일	12급 타탸터텨토툐투튜트티	49~51쪽	⭐ ❤️ 😊
14일	월	일	룰루랄라 놀이	52~53쪽	⭐ ❤️ 😊

한글 떼기 3주

	공부 날짜		공부 내용	쪽수	공부 확인
15일	월	일	13급 파파퍼펴포표푸퓨프피	54~56쪽	⭐ ❤️ 😊
16일	월	일	14급 하햐허혀호효후휴흐히	57~59쪽	⭐ ❤️ 😊
17일	월	일	15급 ㅇ 받침	60~62쪽	⭐ ❤️ 😊
18일	월	일	16급 ㄱ 받침	63~65쪽	⭐ ❤️ 😊
19일	월	일	17급 ㄴ 받침	66~68쪽	⭐ ❤️ 😊
20일	월	일	18급 ㅁ 받침	69~71쪽	⭐ ❤️ 😊
21일	월	일	룰루랄라 놀이	72~73쪽	⭐ ❤️ 😊

한글 떼기 4주

	공부 날짜		공부 내용	쪽수	공부 확인
22일	월	일	19급 ㄹ 받침	74~76쪽	⭐ ❤️ 😊
23일	월	일	20급 ㅂ 받침	77~79쪽	⭐ ❤️ 😊
24일	월	일	21급 ㅅ 받침	80~82쪽	⭐ ❤️ 😊
25일	월	일	22급 ㄷ 받침	83~85쪽	⭐ ❤️ 😊
26일	월	일	23급 ㅍ 받침	86~88쪽	⭐ ❤️ 😊
27일	월	일	24급 ㅈ 받침	89~91쪽	⭐ ❤️ 😊
28일	월	일	룰루랄라 놀이	92~93쪽	⭐ ❤️ 😊

한글 떼기 5주

공부 날짜			공부 내용	쪽수	공부 확인
29일	월	일	25급 ㅊ 받침	94~96쪽	⭐ ❤️ 😊
30일	월	일	26급 ㅌ 받침	97~99쪽	⭐ ❤️ 😊
31일	월	일	27급 ㄲ 쌍기역	100~102쪽	⭐ ❤️ 😊
32일	월	일	28급 ㄸ 쌍디귿	103~105쪽	⭐ ❤️ 😊
33일	월	일	29급 ㅃ 쌍비읍	106~108쪽	⭐ ❤️ 😊
34일	월	일	30급 ㅆ 쌍시옷	109~111쪽	⭐ ❤️ 😊
35일	월	일	룰루랄라 놀이	112~113쪽	⭐ ❤️ 😊

한글 떼기 6주

공부 날짜			공부 내용	쪽수	공부 확인
36일	월	일	31급 ㅉ 쌍지읒	114~116쪽	⭐ ❤️ 😊
37일	월	일	32급 ㅐ ㅔ	117~119쪽	⭐ ❤️ 😊
38일	월	일	33급 ㅟ ㅝ	120~122쪽	⭐ ❤️ 😊
39일	월	일	34급 ㅚ ㅙ ㅞ	123~125쪽	⭐ ❤️ 😊
40일	월	일	35급 ㅘ ㅢ	126~128쪽	⭐ ❤️ 😊
41일	월	일	36급 ㅒ ㅖ	129~131쪽	⭐ ❤️ 😊
42일	월	일	룰루랄라 놀이	132~133쪽	⭐ ❤️ 😊

1단계 : 또박또박 읽기

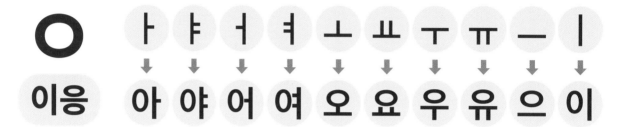

ㅇ 이응

ㅏ	ㅑ	ㅓ	ㅕ	ㅗ	ㅛ	ㅜ	ㅠ	ㅡ	ㅣ
↓	↓	↓	↓	↓	↓	↓	↓	↓	↓
아	야	어	여	오	요	우	유	으	이

아 이

아 야

여 우

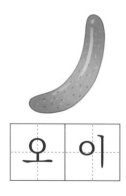

오 이

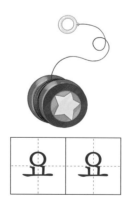

요 요

우 유

또박또박 읽고 색칠하기 ○○○○○

2단계 : **차근차근 쓰기**

아	야	어	여	오	요	우	유	으	이

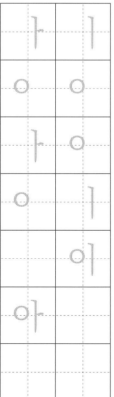

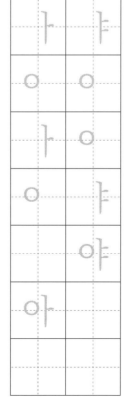

3단계 : 차근차근 쓰기

아	야	어	여	오	요	우	유	으	이

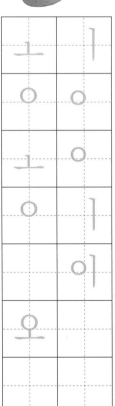

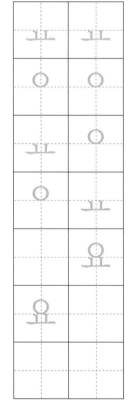

1단계 : 또박또박 읽기

ㄱ ㅏ ㅑ ㅓ ㅕ ㅗ ㅛ ㅜ ㅠ ㅡ ㅣ
↓ ↓ ↓ ↓ ↓ ↓ ↓ ↓ ↓ ↓
기역 가 갸 거 겨 고 교 구 규 그 기

아	기

야	구

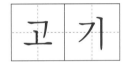

고	기

요	가

가	구

이	야	기

또박또박 읽고 색칠하기 ○○○○○

17

2단계 : 차근차근 쓰기

가	갸	거	겨	고	교	구	규	그	기

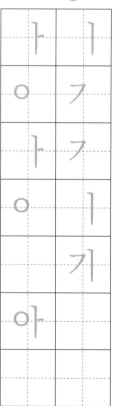

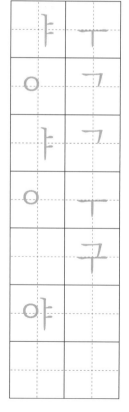

3단계 : 차근차근 쓰기

가	갸	거	겨	고	교	구	규	그	기

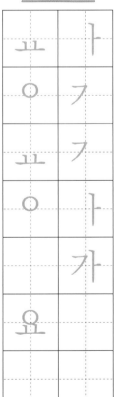

교	ㅗ
ㅇ	ㄱ
교	ㄱ
ㅇ	ㅏ
	가
요	

ㅓ	ㅜ
ㄱ	ㄱ
ㅏ	ㅓ
ㄱ	ㅜ
	구
가	

ㅣ	ㅑ	ㅓ
ㅇ	ㅇ	ㄱ
ㅣ	ㅇ	ㅣ
ㅇ	ㅑ	ㄱ
		야
이		기

1단계 : 또박또박 읽기

ㄹ
리을

ㅏ	ㅑ	ㅓ	ㅕ	ㅗ	ㅛ	ㅜ	ㅠ	ㅡ	ㅣ
↓	↓	↓	↓	↓	↓	↓	↓	↓	↓
라	랴	러	려	로	료	루	류	르	리

오 리

요 리

유 리

가 로

가 루

기 러 기

또박또박 읽고 색칠하기 ○○○○○

2단계 : 차근차근 쓰기

라	랴	러	려	로	료	루	류	르	리

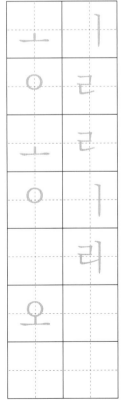

3단계 : 차근차근 쓰기

라	랴	러	려	로	료	루	류	르	리

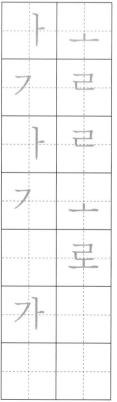

1단계 : 또박또박 읽기

ㄷ
디귿

ㅏ ㅑ ㅓ ㅕ ㅗ ㅛ ㅜ ㅠ ㅡ ㅣ
↓ ↓ ↓ ↓ ↓ ↓ ↓ ↓ ↓ ↓
다 댜 더 뎌 도 됴 두 듀 드 디

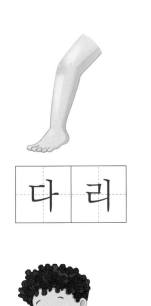

다	리

두	유

구	두

기	도

도	로

유	도

또박또박 읽고 색칠하기 ○○○○○

23

2단계 : 차근차근 쓰기

다	댜	더	뎌	도	됴	두	듀	드	디

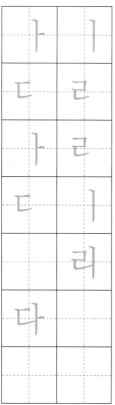

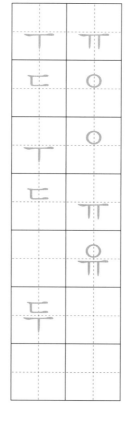

24

3단계 : 차근차근 쓰기

다	댜	더	뎌	도	됴	두	듀	드	디

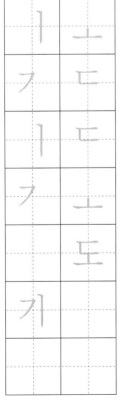

25

1단계 : 또박또박 읽기

ㄴ

니은

나	이

누	나

너	구	리

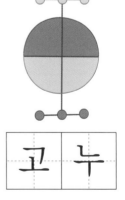

고	누

노	루

누	더	기

또박또박 읽고 색칠하기 ○○○○○

26

2단계 : 차근차근 쓰기

나	냐	너	녀	노	뇨	누	뉴	느	니

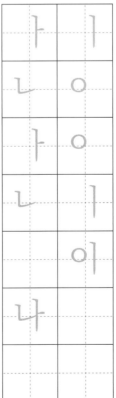

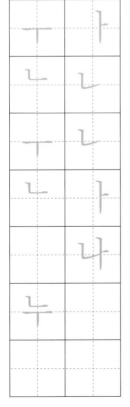

3단계 : 차근차근 쓰기

나	냐	너	녀	노	뇨	누	뉴	느	니

1단계 : 또박또박 읽기

□ ㅏ ㅑ ㅓ ㅕ ㅗ ㅛ ㅜ ㅠ ㅡ ㅣ
↓ ↓ ↓ ↓ ↓ ↓ ↓ ↓ ↓ ↓
미음 마 먀 머 며 모 묘 무 뮤 므 미

나 무

모 기

어 머 니

이 마

거 미

다 리 미

또박또박 읽고 색칠하기 ○○○○○

2단계 : 차근차근 쓰기

마	먀	머	며	모	묘	무	뮤	므	미

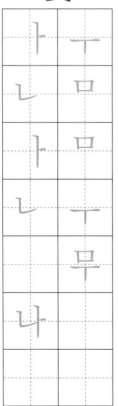

3단계 : 차근차근 쓰기

마	먀	머	며	모	묘	무	뮤	므	미

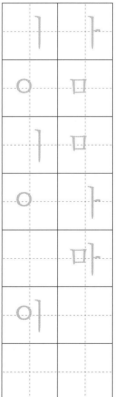

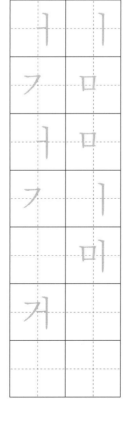

틀린 글자 찾기

오늘 수업 시간에 받아쓰기를 했어요.
바르게 쓴 글자에는 ○, 틀리게 쓴 글자에는 X 하세요.

아이	야규
가러기	두우
너구리	이마
거도	여머니

틀린 글자 고쳐 쓰기

오늘 수업 시간에 배운 글자를 잘못 썼어요.
빈칸에 바르게 고쳐서 다시 써 보세요.

다라미 ➡

오가 ➡

뇨루 ➡

이아기 ➡

요라 ➡

1단계 : 또박또박 읽기

ㅂ	ㅏ	ㅑ	ㅓ	ㅕ	ㅗ	ㅛ	ㅜ	ㅠ	ㅡ	ㅣ
비읍	바	뱌	버	벼	보	뵤	부	뷰	브	비

나비

두부

바나나

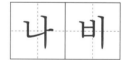

비누

부모

바구니

또박또박 읽고 색칠하기 ○○○○○

2단계 : 차근차근 쓰기

바	뱌	버	벼	보	뵤	부	뷰	브	비

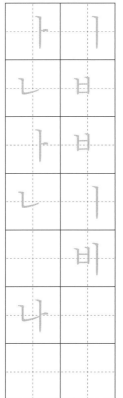

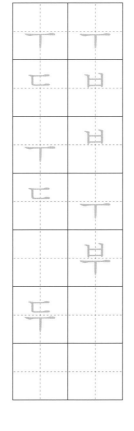

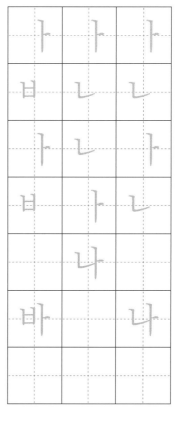

3단계 : 차근차근 쓰기

바	뱌	버	벼	보	뵤	부	뷰	브	비

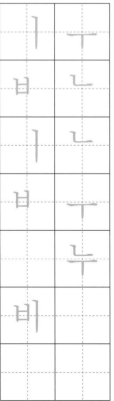

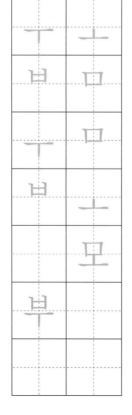

1단계 : 또박또박 읽기

人 　ㅏ　ㅑ　ㅓ　ㅕ　ㅗ　ㅛ　ㅜ　ㅠ　ㅡ　ㅣ
　　　↓　↓　↓　↓　↓　↓　↓　↓　↓　↓
시옷　사　샤　서　셔　소　쇼　수　슈　스　시

버	스

시	소

가	수

이	사

소	라

가	시

또박또박 읽고 색칠하기 ○○○○○

37

2단계 : 차근차근 쓰기

사	샤	서	셔	소	쇼	수	슈	스	시

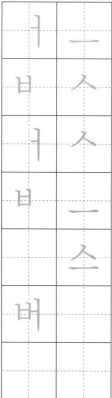

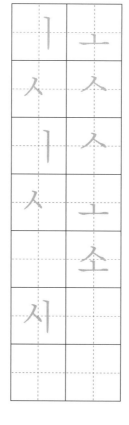

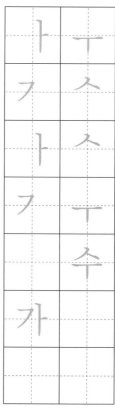

3단계 : 차근차근 쓰기

사	샤	서	셔	소	쇼	수	슈	스	시

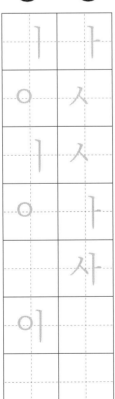

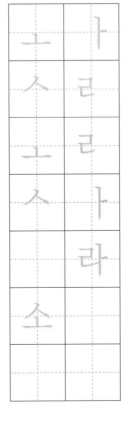

1단계 : 또박또박 읽기

ㅈ
지읒

ㅏ	ㅑ	ㅓ	ㅕ	ㅗ	ㅛ	ㅜ	ㅠ	ㅡ	ㅣ
↓	↓	↓	↓	↓	↓	↓	↓	↓	↓
자	쟈	저	져	조	죠	주	쥬	즈	지

가	지

모	자

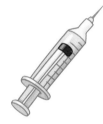

주	사

사	자

우	주

지	구

또박또박 읽고 색칠하기 ○○○○○

2단계 : 차근차근 쓰기

자	쟈	저	져	조	죠	주	쥬	즈	지

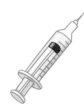

3단계 : 차근차근 쓰기

자	쟈	저	져	조	죠	주	쥬	즈	지

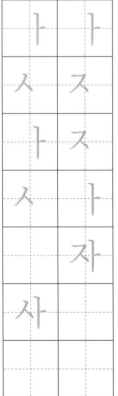

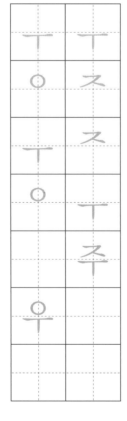

1단계 : 또박또박 읽기

ᄎ
치읓

ㅏ ㅑ ㅓ ㅕ ㅗ ㅛ ㅜ ㅠ ㅡ ㅣ
↓ ↓ ↓ ↓ ↓ ↓ ↓ ↓ ↓ ↓
차 챠 처 쳐 초 쵸 추 츄 츠 치

기	차

고	추

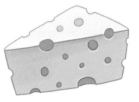

치	즈

치	마

차	도

마	차

또박또박 읽고 색칠하기 ○○○○○

43

2단계 : 차근차근 쓰기

차	챠	처	쳐	초	쵸	추	츄	츠	치

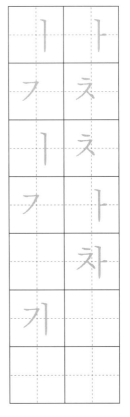

44

3단계 : 차근차근 쓰기

차	챠	쳐	쳐	초	쵸	추	츄	츠	치

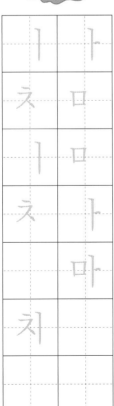

ㅓ	ㅏ
ㅊ	ㅁ
ㅣ	ㅁ
ㅡ	ㅏ
ㅊ	ㅏ
	마
치	

ㅗ
ㄷ
ㅏ
ㅊ
ㅗ
ㄷ
차

_(두 번째 칸)_

ㅗ
ㄷ
ㅗ
ㅊ
ㅗ
ㄷ

ㅏ	ㅏ
ㅁ	ㅊ
ㅏ	ㅊ
	ㅏ
	챠
	마

1단계 : 또박또박 읽기

ㅋ	ㅏ	ㅑ	ㅓ	ㅕ	ㅗ	ㅛ	ㅜ	ㅠ	ㅡ	ㅣ
	↓	↓	↓	↓	↓	↓	↓	↓	↓	↓
키읔	카	캬	커	켜	코	쿄	쿠	큐	크	키

쿠키

마스크

마이크

크다

카드

코스모스

또박또박 읽고 색칠하기 ○○○○○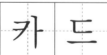

2단계 : 차근차근 쓰기

카	캬	커	켜	코	쿄	쿠	큐	크	키

ㅜ	ㅣ
ㅋ	ㅋ
ㅜ	ㅋ
ㅋ	ㅣ
	키
쿠	

ㅏ	ㅡ
ㅁ	ㅅ	ㅋ
차	ㅅ	
ㅁ		ㅋ
	ㅅ	
마	ㅋ	

ㅏ	ㅣ
ㅁ	ㅇ	ㅋ
ㅏ	ㅇ	
ㅁ	ㅣ	ㅋ
	ㅇ	
마	ㅋ	

3단계 : 차근차근 쓰기

카	캬	커	켜	코	쿄	쿠	큐	크	키

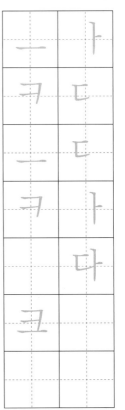

1단계 : 또박또박 읽기

ㅌ

ㅏ ㅑ ㅓ ㅕ ㅗ ㅛ ㅜ ㅠ ㅡ ㅣ

↓ ↓ ↓ ↓ ↓ ↓ ↓ ↓ ↓ ↓

티읕 타 탸 터 텨 토 툐 투 튜 트 티

타	조

보	트

토	마	토

기	타

튜	브

도	토	리

또박또박 읽고 색칠하기 ○○○○○

49

2단계 : 차근차근 쓰기

타	탸	터	텨	토	툐	투	튜	트	티

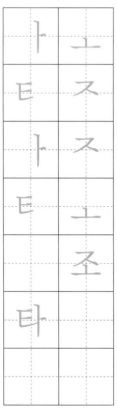

ㅏ	ㅗ
ㅌ	ㅈ
ㅏ	ㅈ
ㅌ	ㅗ
	조
타	

ㅗ	ㅡ
ㅂ	ㅌ
ㅗ	ㅌ
ㅂ	ㅡ
	ㅌ
보	

ㅗ	ㅏ	ㅗ
ㅌ	ㅁ	ㅌ
ㅗ	ㅁ	ㅗ
ㅌ	ㅏ	ㅌ
	마	
토		토

3단계 : 차근차근 쓰기

타	탸	터	텨	토	툐	투	튜	트	티

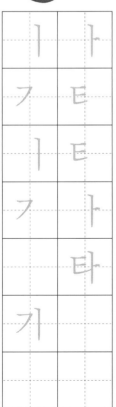

맛있는 음식 낱말 미로

꽉꽉 오리가 미로에서 열쇠를 찾고 있어요.
맛있는 음식 낱말을 따라 선을 그으며 미로를 통과해 보세요.

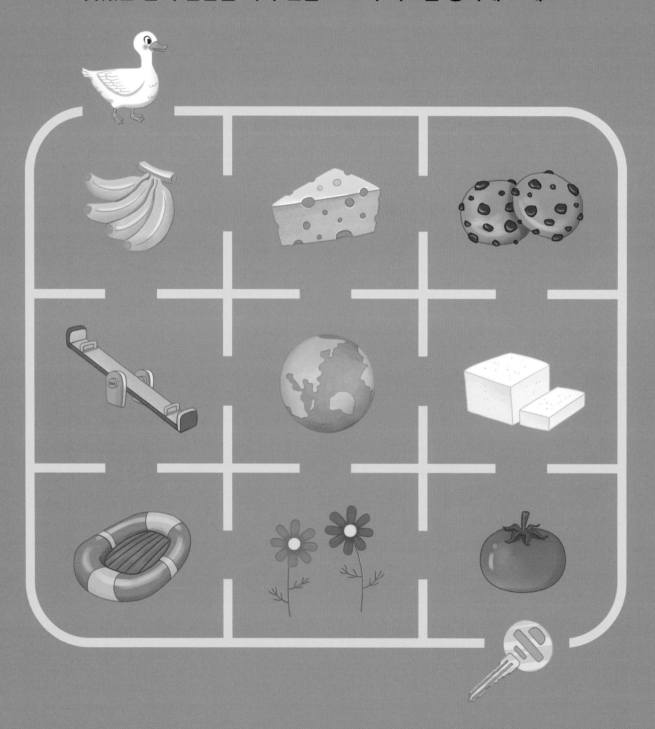

알쏭달쏭 세 글자 미로

깡충깡충 토끼가 미로에서 사과를 찾고 있어요.
세 글자로 된 낱말을 따라 선을 그으며 미로를 통과해 보세요.

1단계 : 또박또박 읽기

교
피읖

ㅏ	ㅑ	ㅓ	ㅕ	ㅗ	ㅛ	ㅜ	ㅠ	ㅡ	ㅣ
↓	↓	↓	↓	↓	↓	↓	↓	↓	↓
파	퍄	퍼	펴	포	표	푸	퓨	프	피

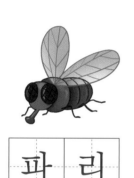

파 리

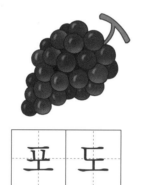

포 도

피 아 노

피 자

차 표

아 파 트

또박또박 읽고 색칠하기 ○○○○○

2단계 : 차근차근 쓰기

파	퍄	퍼	펴	포	표	푸	퓨	프	피

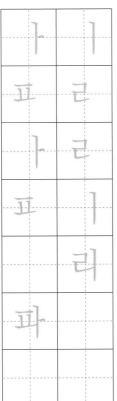

ㅏ	ㅣ
ㅍ	ㄹ
ㅏ	단
ㅍ	ㅣ
	리
파	

ㅗ	ㅗ
ㅍ	ㄷ
ㅗ	ㄷ
ㅍ	ㅗ
	도
포	

ㅣ	ㅏ	ㅗ
ㅍ	ㅇ	ㄴ
ㅣ	ㅇ	ㅗ
ㅍ	ㅏ	ㄴ
	아	
피		노

3단계 : 차근차근 쓰기

파	퍄	퍼	펴	포	표	푸	퓨	프	피

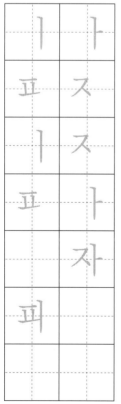

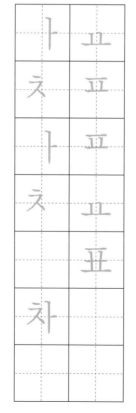

1단계 : 또박또박 읽기

ㅎ
히읗

ㅏ	ㅑ	ㅓ	ㅕ	ㅗ	ㅛ	ㅜ	ㅠ	ㅡ	ㅣ
↓	↓	↓	↓	↓	↓	↓	↓	↓	↓
하	햐	허	혀	호	효	후	휴	흐	히

하 마

호 두

허 수 아 비

허 리

휴 지

호 루 라 기

또박또박 읽고 색칠하기 ○○○○○

2단계 : 차근차근 쓰기

하	햐	허	혀	호	효	후	휴	흐	히

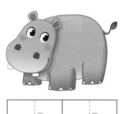

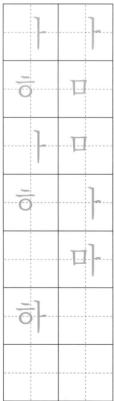
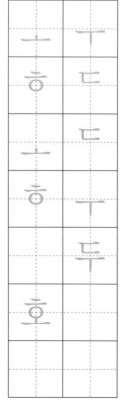

3단계 : 차근차근 쓰기

하	햐	허	혀	호	효	후	휴	흐	히

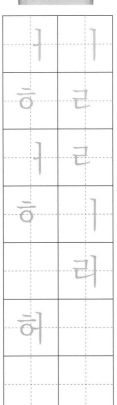

ㅓ	ㅓ
ㅎ	ㄹ
ㅓ	ㄹ
ㅎ	ㅓ
	ㄹ
허	

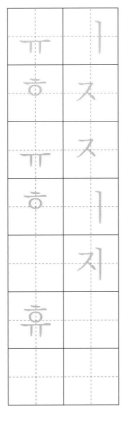

ㅠ	ㅓ
ㅎ	ㅈ
ㅠ	ㅓ
ㅎ	ㅈ
	ㅓ
휴	

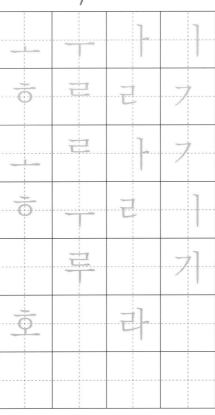

ㅗ	ㅜ	ㅓ	ㅓ
ㅎ	ㄹ	ㄹ	ㄱ
		ㄹ	ㄱ
ㅗ	ㅜ		
ㅎ		ㄹ	ㅓ
	ㄹ		기
호		라	

1단계 : 또박또박 읽기

ㅇ 받침

아	야	어	여	오	요	우	유	으	이
↓	↓	↓	↓	↓	↓	↓	↓	↓	↓
앙	양	엉	영	옹	용	웅	융	응	잉

가 방

강 아 지

고 양 이

청 소

종 이

자 동 차

또박또박 읽고 색칠하기 ◯◯◯◯◯

2단계 : 차근차근 쓰기

앙	양	엉	영	옹	용	웅	융	응	잉

ㄱ	ㅂ
ㅏ	ㅏ
가	바
ㅏ	ㅏ
	방
가	

ㄱ	ㅇ	ㅈ
ㅏ	ㅏ	ㅣ
자	아	지
ㅏ	ㅏ	ㅣ
	아	
강		지

ㄱ	ㅇ	ㅇ
ㅗ	ㅑ	ㅣ
코	야	이
ㅗ	ㅑ	ㅣ
	양	
코		이

3단계 : 차근차근 쓰기

앙	양	엉	영	옹	용	웅	융	응	잉

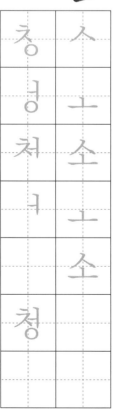

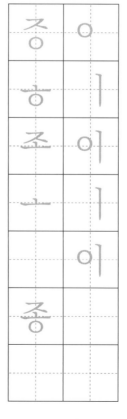

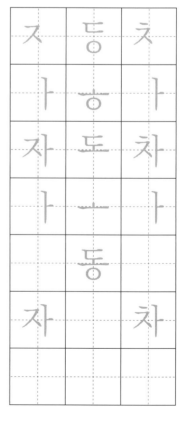

1단계 또박또박 읽기

ㄱ
받침

아	야	어	여	오	요	우	유	으	이
↓	↓	↓	↓	↓	↓	↓	↓	↓	↓
악	약	억	역	옥	욕	욱	육	윽	익

학	교

목	욕

국	수

작	다

폭	죽

칙	칙	폭	폭

또박또박 읽고 색칠하기 ○○○○○

2단계 : 차근차근 쓰기

악	약	억	역	옥	욕	욱	육	으	익

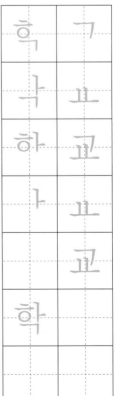

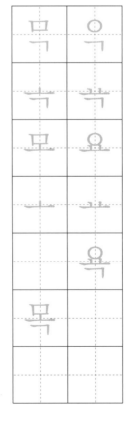

3단계 : 차근차근 쓰기

악	약	억	역	옥	욕	욱	육	윽	익

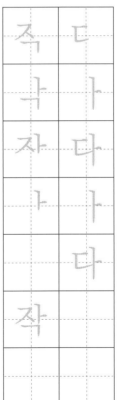

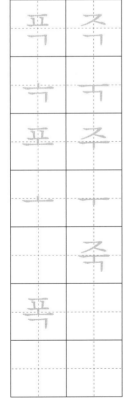

1단계 : 또박또박 읽기

ㄴ 받침

아	야	어	여	오	요	우	유	으	이
↓	↓	↓	↓	↓	↓	↓	↓	↓	↓
안	얀	언	연	온	욘	운	윤	은	인

친 구

기 린

주 전 자

사 진

신 문

시 간 표

또박또박 읽고 색칠하기 ○○○○○

2단계 : 차근차근 쓰기

안	얀	언	연	온	욘	운	윤	은	인

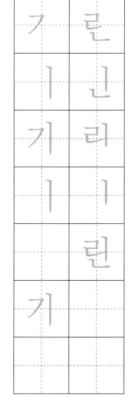

3단계 : 차근차근 쓰기

안	얀	언	연	온	욘	운	윤	은	인

ㅅ	즌
ㅏ	ㅣ
사	지
ㅏ	ㅣ
	진
사	

스	믄
ㅣ	ㄴ
시	무
ㅣ	ㅜ
	문
신	

ㅅ	ㄹ	ㅍ
ㅣ	ㅣ	ㅛ
시	가	표
ㅣ	ㅏ	ㅛ
	간	
시		표

ㅁ

아 야 어 여 오 요 우 유 으 이
↓ ↓ ↓ ↓ ↓ ↓ ↓ ↓ ↓ ↓

받침 암 얌 엄 염 옴 욤 움 윰 음 임

엄 마

염 소

그 림

여 름

점 수

마 음

또박또박 읽고 색칠하기 ○○○○○

69

2단계 : 차근차근 쓰기

암	얌	엄	염	옴	욤	움	윰	음	임

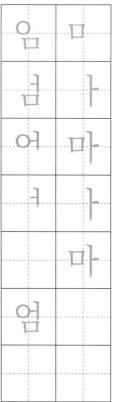

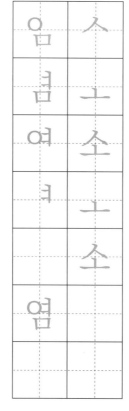

3단계 : 차근차근 쓰기

암	얌	엄	염	옴	욤	움	윰	음	임

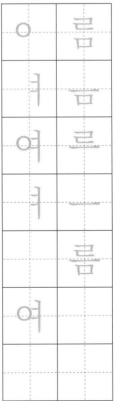

ㅇ	름
ㅕ	ㅁ
여	른
ㅓ	ㅡ
	름
여	

좀	ㅅ
ㅁ	ㅜ
저	수
ㅓ	ㅜ
	수
점	

ㅁ	음
ㅏ	음
마	ㅇ
ㅏ	ㅡ
	음
마	

동물 이름 찾기

제멋대로 뒤죽박죽 섞인 글자 속에서
동물 이름 글자를 찾아 ○ 한 다음, 바르게 써 보세요.

하호수마기 ➡

소강방지아 ➡

차고이청양 ➡

기진문표린 ➡

엄염름소음 ➡

받침 있는 낱말 찾기

예쁜 낱말 꽃이 활짝 피었어요.
받침 있는 낱말을 찾아 ○ 해 보세요.

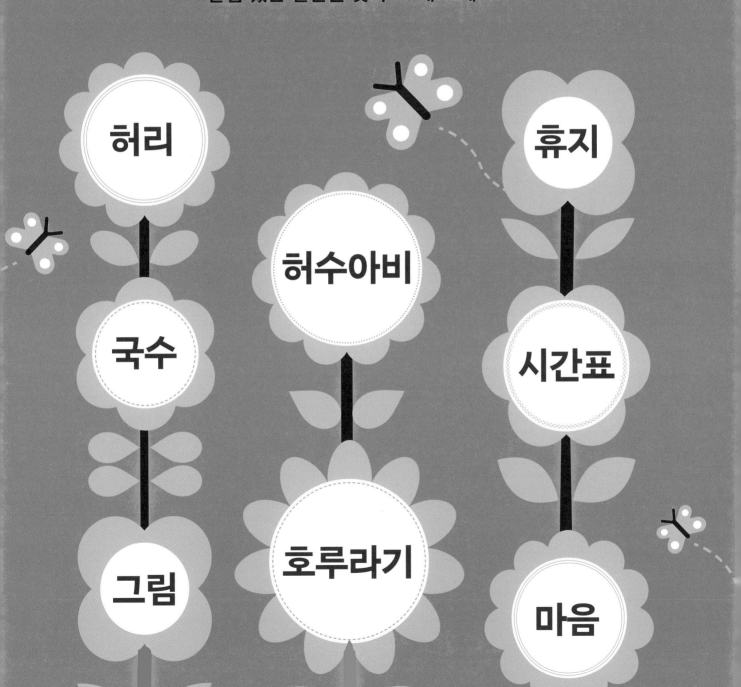

허리

휴지

허수아비

국수

시간표

그림

호루라기

마음

1단계 : 또박또박 읽기

ㄹ 받침	아	야	어	여	오	요	우	유	으	이
	↓	↓	↓	↓	↓	↓	↓	↓	↓	↓
	알	얄	얼	열	올	욜	울	율	을	일

거울

할머니

놀이터

가을

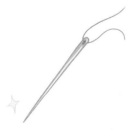

바늘

물놀이

또박또박 읽고 색칠하기 ○○○○○

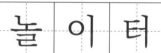

74

2단계 : 차근차근 쓰기

알	얄	얼	열	올	욜	울	율	을	일

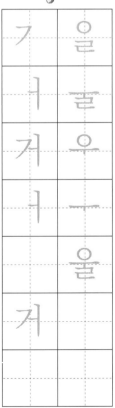

3단계 : 차근차근 쓰기

알	얄	얼	열	올	욜	울	율	을	일

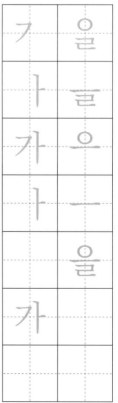

ㄱ	을
ㅏ	ㄹ
가	으
ㅏ	ㅡ
	울
가	

ㅂ	늘
ㅏ	ㄹ
바	ㄴ
ㅏ	ㅡ
	늘
바	

물	늘	ㅇ
굴	ㄹ	ㅣ
무	ㄴ	이
ㅜ	ㅡ	ㅣ
		늘
물		이

1단계 또박또박 읽기

ㅂ
받침

아	야	어	여	오	요	우	유	으	이
↓	↓	↓	↓	↓	↓	↓	↓	↓	↓
압	얍	업	엽	옵	욥	웁	윱	읍	입

입	술

손	톱

종	이	접	기

밥	통

압	정

다	보	탑

또박또박 읽고 색칠하기 ○○○○○

2단계 : 차근차근 쓰기

압	얍	업	엽	옵	욥	웁	윱	읍	입

입	술
ㅂ	굴
이	수
ㅣ	ㅜ
	술
입	

손	톱
ㄴ	ㅂ
소	토
ㅗ	ㅗ
	톱
손	

종	ㅇ	접	ㄱ
ㅎ	ㅣ	ㅂ	ㅣ
조	이	저	기
ㅗ		ㅓ	ㄱ
	이		기
종		접	

78

3단계 : 차근차근 쓰기

압	얍	업	엽	옵	욥	웁	윱	읍	입

냅	통
납	흥
바	토
ㅏ	ㅗ
	통
밥	

압	정
납	닁
아	저
ㅏ	ㅓ
	정
압	

ㄷ	넙	텁
ㅏ	ㅗ	납
다	보	타
ㅏ	ㅗ	ㅏ
	보	
다		탑

1단계 : 또박또박 읽기

ㅅ 받침

아	야	어	여	오	요	우	유	으	이
↓	↓	↓	↓	↓	↓	↓	↓	↓	↓
앗	얏	엇	엿	옷	욧	웃	윳	읏	잇

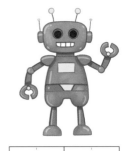

로 봇

숫 자

젓 가 락

촛 불

연 못

옷 걸 이

또박또박 읽고 색칠하기 ○○○○○

80

2단계 : 차근차근 쓰기

앗	얏	엇	엿	옷	욧	웃	윳	읏	잇

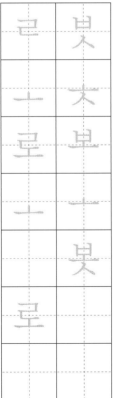

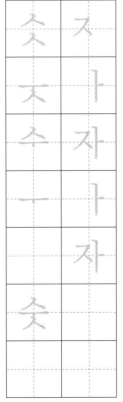

3단계 : 차근차근 쓰기

앗	얏	엇	엿	옷	욧	웃	윳	읏	잇

촛	불
촛	불
초	부
ㅗ	ㅜ
	불
촛	

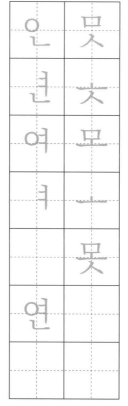

은	못
큰	촛
여	모
ㅕ	ㅗ
	못
연	

옷	걸	이
촛	클	ㅣ
오	거	이
ㅗ	ㅓ	ㅣ
	걸	
옷		이

1단계 : 또박또박 읽기

ㄷ 받침

아	야	어	여	오	요	우	유	으	이
↓	↓	↓	↓	↓	↓	↓	↓	↓	↓
앋	얃	얻	엳	옫	욛	욷	윧	읃	읻

듣	다

걷	다

닫	다

받	침

숟	가	락

돋	보	기

또박또박 읽고 색칠하기 ○○○○○

83

2단계 : 차근차근 쓰기

앋	얃	얻	엳	옫	욛	욷	윧	읃	읻

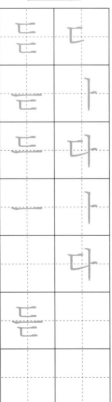

3단계 : 차근차근 쓰기

앋	얃	얻	엳	옫	욛	욷	윧	읃	읻

븓	첟
눋	김
바	치
ㅏ	ㅣ
	침
받	

숟	가	륵
눋	ㅏ	ㅏ
숟	가	라
ㅜ	ㅏ	ㅏ
	가	
숟		락

돋	보	가
눋	ㅗ	ㅣ
돋	보	가
ㅗ	ㅗ	ㅣ
		보
돋		가

1단계 : 또박또박 읽기

ㅍ 받침

아 야 어 여 오 요 우 유 으 이
↓ ↓ ↓ ↓ ↓ ↓ ↓ ↓ ↓ ↓
앞 얖 엎 옆 옾 욮 웊 윺 읖 잎

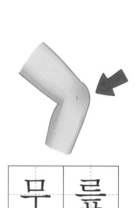

무 릎

높 다

나 뭇 잎

짚 신

앞 치 마

옆 구 리

또박또박 읽고 색칠하기 ○○○○○

2단계 : 차근차근 쓰기

앞	얖	엎	옆	옾	욮	읖	윺	읖	잎

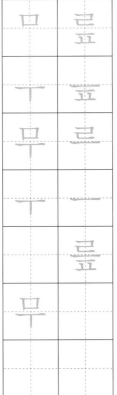

3단계 : 차근차근 쓰기

앞	얖	엎	옆	옾	욮	웊	윺	읖	잎

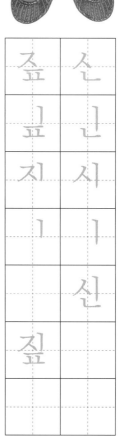

죠	스
곺	슨
지	시
ㅣ	ㅣ
	신
짚	

욮	츠	ㅁ
꾚	ㅣ	ㅏ
야	치	마
ㅏ	ㅣ	ㅏ
		치
앞		마

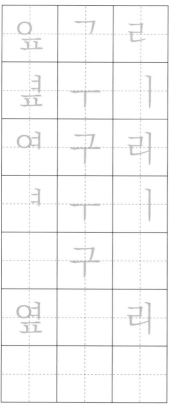

욮	ㄱ	ㄹ
큐	ㅜ	ㅓ
여	구	리
ㅕ	ㅜ	ㅣ
		구
옆		리

1단계 : 또박또박 읽기

ㅈ
받침

아 야 어 여 오 요 우 유 으 이
↓ ↓ ↓ ↓ ↓ ↓ ↓ ↓ ↓ ↓
앚 얏 엊 엿 옺 욪 웆 윶 읒 잊

낮	다

젖	소

보	물	찾	기

늦	잠

곶	감

달	맞	이

또박또박 읽고 색칠하기 ○○○○○

89

2단계 : 차근차근 쓰기

앚	얖	엊	옂	옺	욪	웇	윶	읒	잊

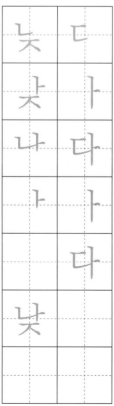

늦	ㄷ
낮	ㅏ
나	다
ㅏ	ㅏ
	다
낮	

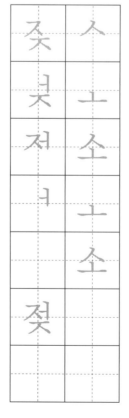

좇	ㅅ
웇	ㅗ
쳐	소
ㅓ	ㅗ
	소
젖	

ㅂ	물	촞	ㄱ
ㅗ	굴	낮	ㅣ
보	무	차	기
ㅗ	ㅡ	ㅏ	ㅣ
	물		기
보		찾	

90

3단계 : 차근차근 쓰기

앚	얒	엊	옂	옺	욪	웆	윶	읒	잊

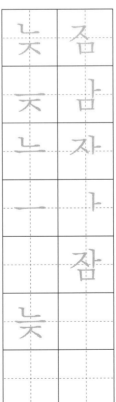

늦 잠
ㅊ ㅁ
ㄴ ㅈ
ㅡ ㅏ
　 잠
늦

곶 감
ㅊ ㅁ
ㄱ ㄱ
ㅗ ㅏ
　 감
곶

달 맞 이
ㄹ ㅊ ㅣ
ㄷ ㅁ ㅇ
ㅏ ㅏ ㅣ
　 맞
달 　 이

올바른 낱말 찾기

오늘 수업 시간에 새로운 낱말을 메모지에 적었어요.
올바르게 쓴 낱말에 ○ 한 다음, 몇 개를 제대로 적었는지 써 보세요.

물노리   앞치마   손톱

젖소   입쑬   숟가락

옷걸이   곧감

제대로 적은 낱말은 ☐ 개 입니다.

틀린 글자 고쳐 쓰기

오늘 수업 시간에 공책에 쓴 문장이에요.
틀린 부분에 X 하고, 바르게 고쳐서 써 보세요.

 노리터에서 보물찾기를 했습니다.

➡

 할머니가 무릅을 다쳤습니다.

➡

 가을에는 나무잎이 떨어집니다.

➡

 연못 앞에서 달마지를 합니다.

➡

1단계 : 또박또박 읽기

ㅊ	아	야	어	여	오	요	우	유	으	이
	↓	↓	↓	↓	↓	↓	↓	↓	↓	↓
받침	앛	얏	엋	옂	옻	욫	웇	윻	읓	잋

별	빛

삼	각	돛

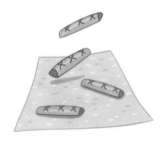

윷	놀	이

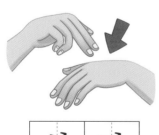

살	갗

숯	불

빛	나	다

또박또박 읽고 색칠하기 ○○○○○

94

2단계 : 차근차근 쓰기

앛	얓	엋	옃	옻	욯	웇	윻	읓	잋

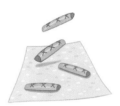

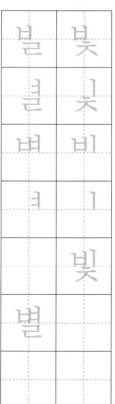

별	빛
클	빛
벼	비
ㅕ	ㅣ
	빛
별	

솜	ㄱ	돛
삼	ㅏ	ㅊ
사	가	토
ㅏ	ㅏ	ㅗ
	각	
삼		돛

윷	놀	ㅇ
꾲	눌	ㅣ
유	노	이
ㅠ	ㅗ	ㅣ
		놀
윷		이

3단계 : 차근차근 쓰기

앚	얖	엋	옂	옺	욜	웇	윷	읓	잊

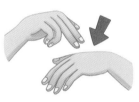

슬	꽃
날	꽂
사	가
ㅏ	ㅏ
	갖
살	

숯	불
돗	굴
수	부
ㅡ	ㅡ
	불
숯	

빛	ㄴ	ㄷ
꽃	ㅏ	ㅏ
비	나	다
ㅣ	ㅏ	ㅏ
	나	
빛		다

1단계 : 또박또박 읽기

ㅌ
받침

아 야 어 여 오 요 우 유 으 이
↓ ↓ ↓ ↓ ↓ ↓ ↓ ↓ ↓ ↓
앝 얕 얻 옅 옽 욭 웉 윹 읕 잍

같	다

밑	줄

팥	빙	수

풀	밭

겉	옷

가	마	솥

또박또박 읽고 색칠하기 ○○○○○

97

2단계 : 차근차근 쓰기

앝	얕	엍	옅	옽	욭	웉	윹	읕	잍

곧	ㄷ
튼	ㅏ
가	다
ㅏ	ㅏ
	다
같	

밑	줄
ㅌ	글
미	주
ㅣ	ㅡ
	줄
밑	

팥	빙	ㅅ
탇	ㅇ	ㅜ
파	비	수
ㅏ	ㅣ	ㅜ
	빙	
팥		수

98

3단계 : 차근차근 쓰기

앝	얕	엍	옅	옽	욭	웉	윹	읕	잍

플	밭
둘	같
푸	바
ㅡ	ㅏ
	밭
풀	

곁	옷
겉	ㅈ
ㄱ	오
ㅓ	ㅡ
	옷
겉	

ㄱ	ㅁ	솥
ㅏ	ㅏ	ㅌ
가	마	소
ㅏ	ㅏ	ㅗ
	마	
가		솥

1단계 또박또박 읽기

ㄲ 쌍기역

ㅏ	ㅑ	ㅓ	ㅕ	ㅗ	ㅛ	ㅜ	ㅠ	ㅡ	ㅣ
↓	↓	↓	↓	↓	↓	↓	↓	↓	↓
까	꺄	꺼	껴	꼬	꾜	꾸	뀨	끄	끼

토 끼

꼬 리

꿈 나 라

까 치

껍 질

코 끼 리

또박또박 읽고 색칠하기 ○○○○○

2단계 : 차근차근 쓰기

까	꺄	꺼	껴	꼬	꾜	꾸	뀨	끄	끼

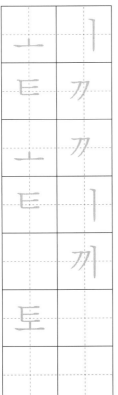

ㅗ	ㅣ
토	까
	까
ㅗ	ㅣ
	끼
토	

ㅗ	ㅣ
꺼	ㄹ
	ㄹ
ㅗ	ㅣ
	ㄹ
꼬	

ㅜ	ㅏ	ㅏ
꿈	ㄴ	ㄹ
ㅜ	ㄴ	ㅏ
	꿈	ㄹ
	ㄴ	
꿈		라

3단계 : 차근차근 쓰기

까	꺄	꺼	껴	꼬	꾜	꾸	뀨	끄	끼

ㅏ	ㅓ
ㄲ	ㅊ
ㅏ	ㅊ
ㄲ	ㅣ
	ㅊ
까	

ㅓ	ㅓ
껍	줄
ㅓ	줄
껍	ㅣ
	질
껍	

ㅗ	ㅣ	ㅓ
ㅋ	ㄲ	ㄹ
ㅗ	ㄲ	ㅣ
ㅋ	ㅣ	ㄹ
	끼	
코		리

1단계 : 또박또박 읽기

ㄸ
쌍디귿

ㅏ	ㅑ	ㅓ	ㅕ	ㅗ	ㅛ	ㅜ	ㅠ	ㅡ	ㅣ
↓	↓	↓	↓	↓	↓	↓	↓	↓	↓
따	땨	떠	뗘	또	뚀	뚜	뜌	뜨	띠

딸	기

뚜	껑

머	리	띠

땅	콩

딱	지

보	따	리

또박또박 읽고 색칠하기 ○○○○○

103

2단계 : 차근차근 쓰기

따	땨	떠	뗘	또	뚀	뚜	뜌	뜨	띠

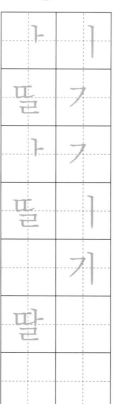

3단계 : 차근차근 쓰기

따	땨	떠	뗘	또	뚀	뚜	뜌	뜨	띠

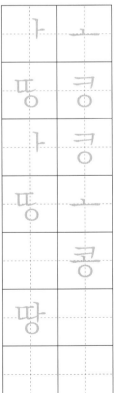

1단계 : 또박또박 읽기

ㅃ ㅏ ㅑ ㅓ ㅕ ㅗ ㅛ ㅜ ㅠ ㅡ ㅣ

쌍비읍 빠 뺘 뻐 뼈 뽀 뾰 뿌 쀼 쁘 삐

아	빠

뽀	뽀

사	슴	뿔

뿌	리

식	빵

뻐	꾸	기

또박또박 읽고 색칠하기 ○○○○○

2단계 : 차근차근 쓰기

빠	빠	뻐	뼈	뽀	뾰	뿌	뷰	쁘	삐

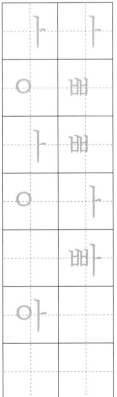

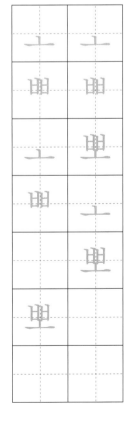

3단계 : 차근차근 쓰기

빠	뺘	뻐	뼈	뽀	뾰	뿌	쀼	쁘	삐

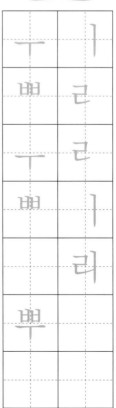

ㅜ ㅣ
뻐 ㄹ
ㅜ ㄹ
뼈 ㅣ
  ㄹ
뿌

ㅣ ㅏ
ㅅ 뻥
ㅣ 뻥
ㅅ ㅏ
  빵
식

ㅓ ㅜ ㅣ
뻐 ㄲ ㄱ
ㅓ ㄲ ㅣ
뻐 ㅜ ㄱ
  꼬
뼈 기

108

1단계 : 또박또박 읽기

ㅆ
쌍시옷

ㅏ	ㅑ	ㅓ	ㅕ	ㅗ	ㅛ	ㅜ	ㅠ	ㅡ	ㅣ
↓	↓	↓	↓	↓	↓	↓	↓	↓	↓
싸	쌰	써	쎠	쏘	쑈	쑤	쓔	쓰	씨

씨 앗

싸 움

눈 썹

씨 름

날 씨

쌍 둥 이

또박또박 읽고 색칠하기 ○○○○○

2단계 : 차근차근 쓰기

싸	쌰	써	쎠	쏘	쑈	쑤	쓔	쓰	씨

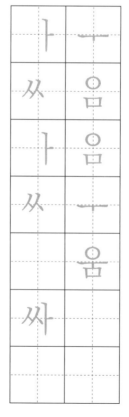

3단계 : 차근차근 쓰기

싸	쌰	써	쎠	쏘	쑈	쑤	쓔	쓰	씨

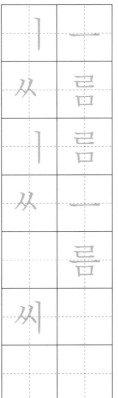

ㅣ	ㅡ
쓰	름
ㅣ	름
쓰	ㅡ
	름
씨	

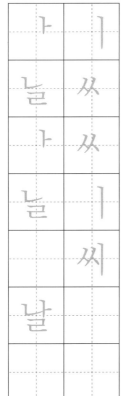

ㅏ	ㅣ
눌	쓰
ㅏ	쓰
눌	ㅣ
	씨
날	

ㅏ	ㅜ	ㅣ
쌍	둥	ㅇ
ㅏ	둥	ㅣ
쌍	ㅜ	ㅇ
	둥	
쌍		ㅇ

신기한 받침 미로

멍멍 강아지가 미로에서 팔찌를 찾고 있어요.
받침이 바르게 쓰인 낱말을 따라 선을 그으며 미로를 통과해 보세요.

올바른 낱말 미로

배고픈 원숭이가 미로에서 바나나를 찾고 있어요.
올바르게 쓰인 낱말을 따라 선을 그으며 미로를 통과해 보세요.

토끼　　　겁질　　　쌍둥이

껍질　　　두껑　　　뻐꾸기

뚜껑　　　머리띠　　　시앗

머리디　　　씨앗　　　사슴뿔

1단계 : 또박또박 읽기

ㅉ
쌍지읒

ㅏ	ㅑ	ㅓ	ㅕ	ㅗ	ㅛ	ㅜ	ㅠ	ㅡ	ㅣ
↓	↓	↓	↓	↓	↓	↓	↓	↓	↓
짜	쨔	쩌	쪄	쪼	쬬	쭈	쮸	쯔	찌

팔 찌

짝 꿍

짜 장 면

찐 빵

쪽 지

쭈 글 쭈 글

또박또박 읽고 색칠하기 ◯◯◯◯◯

114

2단계 : 차근차근 쓰기

짜	쨔	쩌	쪄	쪼	쬬	쭈	쮸	쯔	찌

ㅏ	ㅣ
팔	찌
ㅏ	찌
팔	ㅣ
	찌
팔	

ㅏ	ㅜ
쪽	꿍
ㅏ	꿍
쪽	ㅜ
	꿍
짝	

ㅏ	ㅏ	ㅕ
짜	장	면
ㅏ	장	ㅕ
짜	ㅏ	면
	장	
짜		면

3단계 : 차근차근 쓰기

짜	쨔	쩌	쪄	쪼	쬬	쭈	쮸	쯔	찌

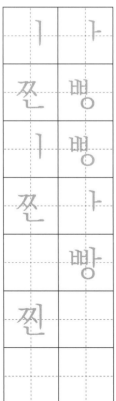

1단계 : 또박또박 읽기

ㅐ ㅇ ㄱ ㄹ ㄷ ㄴ   ㅔ ㅇ ㄱ ㄹ ㄷ ㄴ

ㅏ+ㅣ 애 개 래 대 내   ㅓ+ㅣ 에 게 레 데 네

빨	대

개	나	리

태	극	기

세	수

숙	제

메	뚜	기

또박또박 읽고 색칠하기 ○○○○○

117

2단계 : 차근차근 쓰기

애	개	래	대	내	에	게	레	데	네

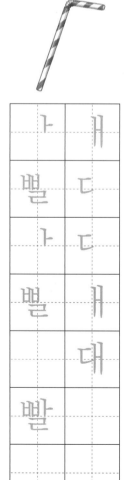

ㅏ	ㅐ
뺄	ㄷ
ㅏ	ㄷ
뺄	ㅐ
	대
빨	

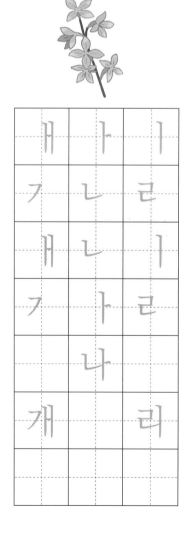

ㅐ	ㅏ	ㅣ
ㄱ	ㄴ	ㄹ
채	ㄴ	치
ㄱ	ㅏ	ㄹ
	나	
개		리

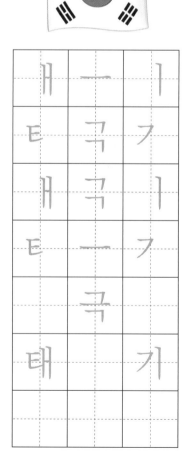

ㅐ	ㅡ	ㅣ
ㅌ	ㄱ	ㄱ
ㅐ	ㄱ	ㅣ
ㅌ	ㅡ	ㄱ
	ㄱ	
태		기

3단계 : 차근차근 쓰기

애	개	래	대	내	에	게	레	데	네

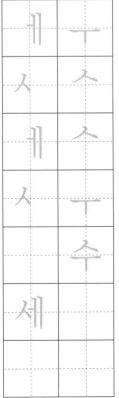

ㅔ	ㅜ
ㅅ	ㅅ
ㅔ	ㅅ
ㅅ	ㅜ
	ㅜ
세	

ㅜ	ㅔ
ㅅ	ㅈ
ㅜ	ㅈ
ㅅ	ㅔ
	제
ㅅ	

ㅔ	ㅜ	ㅣ
ㅁ	ㄸ	ㄱ
ㅔ	ㄸ	ㅣ
ㅁ	ㅜ	ㄱ
	ㄸ	
메	뚜	기

1단계 또박또박 읽기

ㅟ
ㅇ	ㄱ	ㄹ	ㄷ	ㄴ
↓	↓	↓	↓	↓

ㅜ+ㅣ 위 귀 뤼 뒤 뉘

ㅝ
ㅇ	ㄱ	ㄹ	ㄷ	ㄴ
↓	↓	↓	↓	↓

ㅜ+ㅓ 워 궈 뤄 둬 눠

가 위

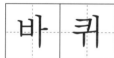

바 퀴

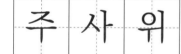

주 사 위

권 투

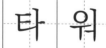

타 워

원 숭 이

또박또박 읽고 색칠하기 ○○○○○

120

2단계 : 차근차근 쓰기

위	귀	뤼	뒤	뉘	워	궈	뤄	둬	눠

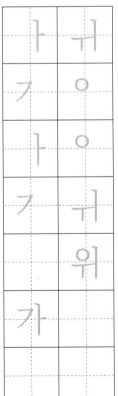

ㅏ	ㅝ
ㄱ	ㅇ
ㅏ	ㅇ
ㄱ	ㅟ
	위
가	

ㅏ	ㅝ
ㅂ	ㅋ
ㅏ	ㅋ
ㅂ	ㅝ
	쿼
바	

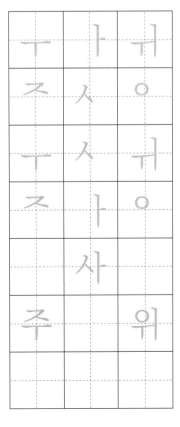

ㅜ	ㅏ	ㅝ
ㅈ	ㅅ	ㅇ
ㅜ	ㅅ	ㅟ
ㅈ	ㅏ	ㅇ
	사	
주		위

3단계 : 차근차근 쓰기

위	귀	뤼	뒤	뉘	워	궈	뤄	둬	눠

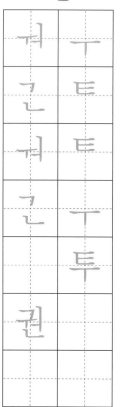

권투

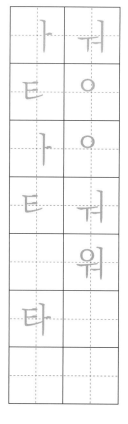

타워

원숭이

1단계 : 또박또박 읽기

ㅚ	ㅇ	ㄱ	ㄹ	ㄷ	ㅙ	ㅇ	ㄱ	ㄷ	ㅞ	ㅇ	ㄱ	ㅎ
ㅗ+ㅣ	외	괴	뢰	되	ㅗ+ㅐ	왜	괘	돼	ㅜ+ㅔ	웨	궤	훼

열	쇠

왜	가	리

스	웨	터

회	오	리

돼	지

웨	이	터

또박또박 읽고 색칠하기 ○○○○○

2단계 : 차근차근 쓰기

외	괴	뢰	되	왜	괘	돼	웨	궤	훼

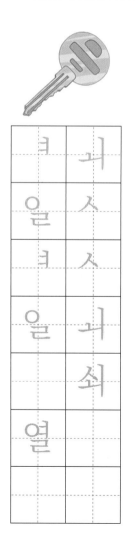

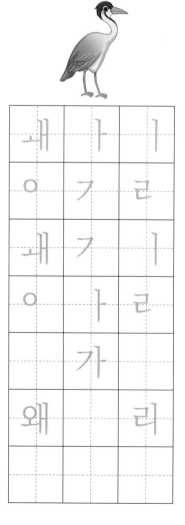

3단계 : 차근차근 쓰기

외	괴	뢰	되	왜	괘	돼	웨	궤	훼

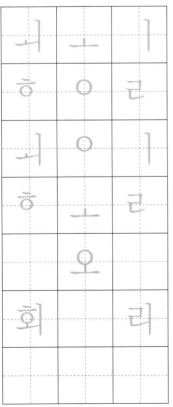

1단계 : 또박또박 읽기

ㅘ ㅇ ㄱ ㄴ ㅂ ㅈ ㅎ

ㅗ+ㅏ 와 과 놔 봐 좌 화

ㅢ ㅇ ㄴ ㅌ ㅎ

ㅡ+ㅣ 의 늬 틔 희

사	과

화	분

전	화

의	자

의	사

무	늬

또박또박 읽고 색칠하기 ○○○○○

2단계 : **차근차근 쓰기**

와	과	뇨	봐	좌	화	의	늬	틔	회

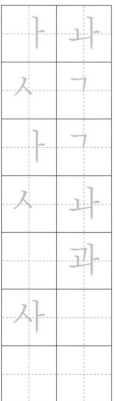

ㅏ	ㅘ
ㅅ	ㄱ
ㅏ	ㄱ
ㅅ	ㅘ
	과
ㅅ	

ㅘ	ㅜ
ㅎ	분
ㅘ	분
ㅎ	ㅜ
	분
화	

ㅓ	ㅘ
존	ㅎ
ㅓ	ㅎ
존	ㅘ
	화
전	

3단계 : 차근차근 쓰기

와	과	놔	봐	좌	화	의	늬	틔	희

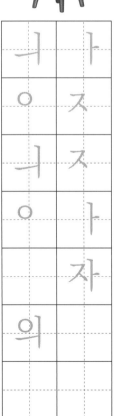

1단계 또박또박 읽기

ㅒ ㅇ ㄱ ㅅ ㅈ ㅖ ㅇ ㄱ ㄹ ㅅ ㅍ ㅎ
↓ ↓ ↓ ↓ ↓   ↓ ↓ ↓ ↓ ↓ ↓
ㅑ+ㅣ 얘 걔 섀 쟤 ㅕ+ㅣ 예 계 례 셰 폐 혜

얘 기

시 계

예 쁘 다

계 단

옛 날

외 계 인

또박또박 읽고 색칠하기 ○ ○ ○ ○ ○

2단계 : 차근차근 쓰기

애	개	새	재	예	계	례	세	폐	혜

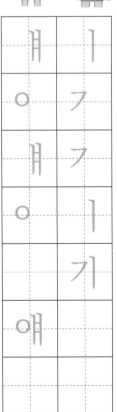

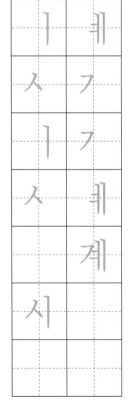

3단계 : 차근차근 쓰기

애	개	새	재	예	계	례	셰	폐	혜

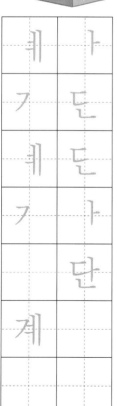

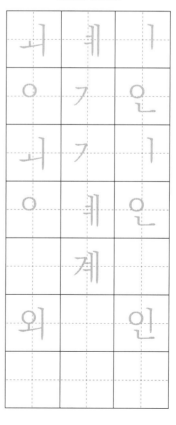

숨은 낱말 찾기

표 속에 제멋대로 글자가 뒤죽박죽 섞여 있어요.
숨은 낱말을 찾아 ○ 한 다음, 몇 개를 찾았는지 써 보세요.

짜	돼	면	시	계
쪽	지	권	워	단
옛	메	스	웨	터
늬	전	화	이	쇠
애	퀴	분	터	예

숨은 낱말은   개입니다.

편지 완성하기

편지 속 일부 낱말이 사라져 버렸어요.
그림을 보면서 사라진 낱말을 채워 보세요.

외계인　　　주사위　　　짝꿍　　　숙제

□□□ 아, 안녕?

나는 □□□ (이)라고 해.

나는 너와 □□ 이 되어

같이 □□ 를 하고 싶어.

또 □□□ 놀이도 하고 싶어.

우리 꼭 만나서 그렇게 하자!

룰루랄라 놀이 답안

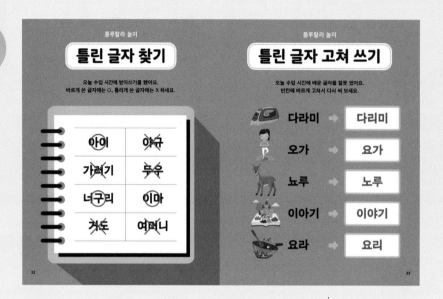

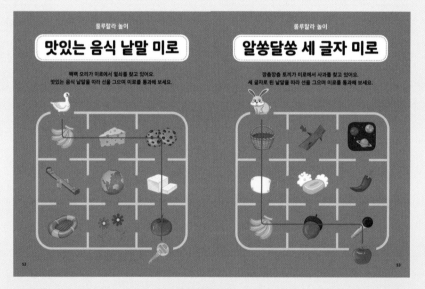

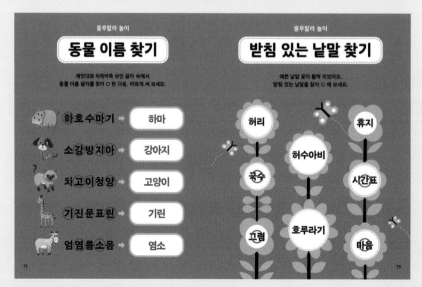

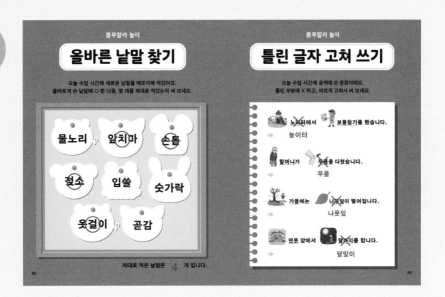

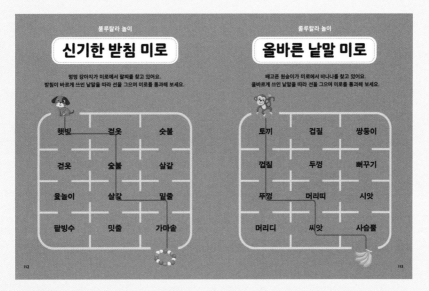

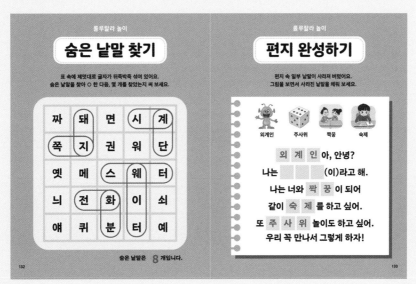

한 권으로 끝내는 한글 떼기

초판 1쇄 발행 2021년 1월 4일
초판 13쇄 발행 2025년 4월 29일

지은이 김수현
그린이 전진희
펴낸이 민혜영
펴낸곳 카시오페아
주소 서울특별시 마포구 월드컵로14길 56, 3~5층
전화 02-303-5580 | 팩스 02-2179-8768
홈페이지 www.cassiopeiabook.com | 전자우편 editor@cassiopeiabook.com
출판등록 2012년 12월 27일 제2014-000277호

ⓒ김수현, 2021
ISBN 979-11-90776-36-3 63710

- 잘못된 책은 구입하신 곳에서 바꿔 드립니다.
- 책값은 뒤표지에 있습니다.